V.-E. VEUCLIN

PETITS DOCUMENTS

POUR UNE

Grande Histoire de France

BERNAY
IMPRIMÉ PAR V.-E. VEUCLIN
EN L'AN 1887

(13)

V.-E. VEUCLIN

PETITS DOCUMENTS

POUR UNE

Grande Histoire de France

BERNAY

IMPRIMÉ PAR V.-E. VEUCLIN

EN L'AN 1887

La plus grande partie des notes historiques que nous publions en petit texte ont été recueillies çà et là et sont dues à diverses personnes, la plupart anonymes.

Quant aux notes imprimées en gros caractères et formant une suite à peu près complète, elles ont été écrites par deux ecclésiastiques sur lesquels nous n'avons que bien peu de renseignements biographiques.

L'abbé Gautier (Germain-Guillaume), le premier de nos chroniqueurs, avait, en 1715, commencé son recueil de notes.

En 1724, ce prêtre appartenait à l'église Sainte-Croix. En 1731, il était chapelain et directeur de l'abbaye royale de St Jean du Neubourg.

L'abbé Gautier revint ensuite à Bernay où, de 1735 à 1745, il fut un des nombreux prêtres habitués de Ste-Croix.

En 1745, il se retira à Mantes où il termina son manuscrit en 1756 (1).

---

(1) Ce manuscrit, qui appartenait à M. Nicolas, économe de l'hospice, a été partiellement publié, en 1865, dans le *Journal de Bernay*.

Notre second chroniqueur, l'abbé P. Baudoire était un vicaire de village.

Du 3 janvier 1740 au 30 septembre 1742 il remplissait cette fonction dans la paroisse de St-Victor-d'Epine.

On retrouve ce prêtre à Carsix, du 1er décembre 1744 au 9 juin 1756.

Ce fut sur les registres de catholicité de ces deux paroisses que l'abbé Baudoire consigna les curieuses notes que nous indiquerons par la lettre (B).

Enfin, pour chaque année, nous indiquerons les prix des principales denrées, à Noël, halle de Bernay.

E. VEUCLIN.

NOTES HISTORIQUES

1701-1750

1701. — En janvier, le bon blé vaut 3 livres le boisseau.

1702. — Le jour de la Chandeleur, le vent brise les vitres et la croix de l'église de la Couture. (*Comptes du trésor*).

1703. — Diminution de la valeur des espèces. Au 9 avril, l'écu de 3 livres 11 sous a diminué d'un sou ; la petite pièce de 4 sous 6 deniers a diminué de 3 deniers. (*Délib. par. C.*).

1707-1709. — « Remarques des années ainsi qu'il ensuit :

« En lannée 1707 il fut du blé si abondamment que le pain ne valoit que... liards la livre. En lannée 1708 il fit un peu trop humide dans l... ce qui causa que il y eut de lerbe dans les blés qui fut cause que le blé changea de prix de vingt sous quil valoit il vint à quarante cinq sous jusque au Roix. La veille des Rois (1709) sur le soir il vint une pluye de neige fondue qui estoit froide comme de la glace qui gela la nuit suivante sy asprement quil ne quitta point jusquà la fin du mois de mars (?) quil gela sy asprement que les ormes et les nouyers et les ormes fendirent. Le pain fut toujours gelé Le vin et toute autre boisson. Les rivières fer.nère encor quy ly est un peu de nége sur la terre environ trois doits de haust. Les blés les seigle ne laissère pas de geler dans tous les campaigne sans rezerve. Les nouyers meuriers poiriers tant de jardin que de hautes tiges principalement ceux qui estoient un peu vieux sans rezerve. La vigne mourut jusque à 2 doits de terre tout partout haut et bas. Les merisiers pommiers g..... en deux jours à la rezerve des jeunne arbre sy bien que du depuis que le monde est créé on ne peut pas dire quil aye jamais tant gelé. Lon voioit des personne geléée dans les chemins. Lon ma dit quil y avoit un poisse^r qui estoit gelé mort sur son cheval sy bien que sans labondance du feu lon nauroit jamais duré. Ceste première ecouse de gelée la fut passée elle reprint encor aussy aprement quauparavant qui dura jusque au quatorse de fevrier mais qui acheva le restant Sy bien quil ne fut en lannée 1709 ny blé pour semer ny poiré ny pommé ny vin. Il ny eut qun peu les..... de vallée qu.., pa..... grape. Il sortoit encor..... 1708 sy bien que le peupie vin sy malheureux........ patir de faim parce que le blé vingt un.. .... valoit à Vernon jusque à sept livre .... ▪ (1)

1710. — La cotisation des pauvres est rétablie dans les paroisses. Le trésorier de Courbépine paie 3 livres 12 s. pour cette cotisation.

Bon blé, 3 l. 5 s. Orge, 32 s. Pois, 36 s. Pain bis, 10 s. la tourte de 12 livres. Pain blanc, 1 s. 3 d. la livre

1711. — Bon blé, 4 l. Orge et pois, *3* l. 8 s.

1712. — Bon blé. 6 l. Orge, *3* l. 18 s. Pois, *3* l. 10 s.

1713. — Bon blé, 7 l. 10 s. Orge et Pois, 4 l. Pain bis, 24 s. la tourte ; blanc, 1 liard moins de *3* sols la livre.

1714. — Bon blé, 4 l. Orge, 54 sols. Pois, *3* l. 5 sols.

1715. — *Remarques du curé de St-Clair-d'Arcey sur la mort de Louis XIV :*

> Bourbon le Grand par   7
> Roys Louis deux fois   7
> Agé d'onze fois   7
> Au mois du nom de   7
> Est mort et s'en est fait.

Grand Dieu ! que de potences (7)

---

(1) Ces notes furent consignées, sur la couverture d'un vieux livre, par Claude Ducosté, demeurant à St-Pierre-d'Autils. (*Coll. Veuclin*).

Bourbon laisse après luy !
Que dis-je, en faut-il moins
Pour délivrer la France
Des voleurs d'aujourd'huy !

Bon blé, 42 s. Orge, *28 s.* Pois, *33* sols.

1716. — Le 30 septen bre, en l'église Sainte-Croix, fut célébré un service solennel pour le repos de l'âme du feu Roy Louis XIV, de glorieuse et triomphante mémoire. Ce service fut fait avec beaucoup d'appareil. Il y avoit, outre la Mairie, un grand nombre d'Officiers en robes de cérémonie, de Personnes de distinction en habit de dëüil, et l'Oroison funèbre fut prononcée par le R. P. Prosper d'Alençon, religieux capucin de la maison de Rouën. (*Factum Lochet du Carpon*).

Bon blé, 58 s. Orge, 40 s. Pois, 52 s.

1717. — Bon blé, 48 s. Orge, *32* s. Pois, *30* s.

1718. — Bon blé, 58 s. Orge, 46 s. Pois, 48 s.

1719.

Le 22 janvier 1719, on a chanté dans l'église Ste-Croix un Te Deum en actions de grâces de la Taille proportionnelle que Sa Majesté a accordé à la ville de Bernay, auquel ont assisté les Maire et Echevins et bourgeois sous les armes pendant que les sieurs curé de cette paroisse et dit Echevins de cette ville ont mis le feu à un bûcher préparé à cet effet devant la grande porte de l'église... [*Reg. par.*]

Le 28 avril il a paru un grand feu sur les 8 heures du soir qui a duré la longueur d'un Ave Maria.

Le 22 7bre sur les dix heures du soir entre le Couchant et le 7tentrion a paru un grand feu qui dura Jusquà deux heures du matin à Caën.

Les registres de catholicité constatent une grande mortalité de jeunes enfants jusqu'à l'àge de 7 à 8 ans.

Bon bled, le boisseau, 3 livres 17 sols. Orge. 3 l, 6 s. Pois, 4 l. 8 s. Vesce, 3 l. 8 s. Avoine, 58 sols.

1720.

Le 17 janvier a paru du côté du Levant un grand feu sur les dix heures du soir qui dura jusqu'à minuit.

» En l'année 1720, les espèces d'or et d'argent ont valu : les louis d'or revenant aux pièces de 8 au marc, 120 l. Les dits louis d'argent de 8 au marc, 15 livres, et les petites espèces semblablement. Les louis d'or revenant au louis d'argent de 10 au marc, 72 l. ; les louis d'argent de 10 au marc, 12 l., et les mêmes espèces de même caractère à proportion. — Les sols de 30 deniers ont valu 5 sols ; les sols marquez de 15 deniers ont valu 3 s. 6 den. ; les liards ont valu les trois, 2 sols. — La dite monnoie a pris cette valeur le premier jour d'aoust 1720 sous la puissante régence de Monseigneur le duc d'Orléans et sous la direction de Mr Lasve directeur des Monnoies : pour lors ce qui a causé que les marchandises ont valu et ont esté à un prix exhorbitant (1). – (*Reg, de la Charité des Cordeliers ;* f° 127.)

---

(1) Le 14 août, plainte des bourgeois de Bernay contre les chandeliers qui vendent la chandelle 10, 18 et 20 sols la livre, prix excessif et contraire à l'arrêt de la Cour daté du 3 de ce mois. Le lieutenant de police prescrit l'exécution de cet arrêt.

Le 9 novembre, le suif ne vaut que 4 à 5 sols la livre, cependant le chandelle est à un prix excessif ; le lieutenant de police la taxe à 9 sols

1720, année pluvieuse et orageuso, fertile en toutes récoltes excepté en pommes.

Nous soussigné Charles Jacques Hayer prestre curé de la paroisse de Saint Martin de Caranthonne proche Berney, attestons à touts qu'il appartiendra que l'usage a été de touts temps que nos paroissiens nous ont livré la dixme de leurs fruicts après la récolte faitte et ce dans leurs greniers. En foy de quoy nous avons délivré ces présentes ce quatriesme novembre mil sept cents vingt.

Hayer, curé de Caranthonne.

Bon bled, 55 sols. Orge, 32 s. Pois, 50 sols. Vesce, 30 s. Avoine, 33 s.

1721.

Est arrivée une maladie au Roy ; à sa convalescence qui étoit dans le mois d'aoust, on a fait des feux de joye (1) et des prisonniers délivrez à Rouën et en plusieurs autres lieux.

Par son mandement du 16 juillet, l'évêque de Lisieux rèstreint les inhumations dans les églises, à cause des abus et de la contagion.

Bon bled, 50 s. Orge, 40 s. Pois 57. Vesce, 40 s. Avoine. 30 s.

---

la livre. Vu aussi que la viande est vendue 7 s: la livre t que les animaux sur pied se vendent à vil prix, taxe le bœuf et le mouton à 4 sols la livre. — Le 29 nov., la chandelle est taxée à 8 s.

(1) 16 oct. Payé par le trésorier de Ste-Croix à Pierre Duprey boulanger, pour partie du bois du bûcher du feu de joye dressé et allumé devant la principale porte de l'église pendant qu'on y chantoit le Te Deum en actions de grâces du rétablissement de Sa Majesté ; l'hostel de ville ayant payé l'autre partie du bois dudit bûcher.

1722.

Mort de M^r le cardinal Dubois premier ministre, qui a été fait soudiacre, diacre, prêtre en trois jourz, et Cardinal en peu de temps, est mort le dix aoust jour quil fist un temps déplorable pour lés vents & pluie.

Peu après est mort M^r le Duc Dorléans régent de France.

Bon bled, 4 l. 12 s. Orge, 3 l. Pois, 4 l. Vesce et Pois, 45 sols le boisseau.

1723.

Le 4 mars, en exécution des ordres du roi et du mandement de l'évêque de Lisieux, un feu de joie est fait, aux frais du trésor, devant l'église Ste-Croix, à l'occasion du Te Deum chanté pour la cessation de la peste en Provence. Payé 40 sols pour le bois dudit feu.

Le louis d'or à la croix de Malte vaut 31 liv. L'écu de 10 au marc vaut 5 l. 8 s. La pièce et demie vaut 18 sols. (*Reg. par. de Ste-Croix*).

Bon bled, 5 l. 16 s. le boisseau. Orge, 3 l. 15 s. Pois, 4 l. 10 s. Vesce, 4 l. 5 s. Avoine, 3 l. 12 s. Bon suif, 9 s. la livre. Chandelle, 12 s.

1724.

Bon bled, 5 l. 4 s. Orge et Pois, 58 s. Vesce, 35 s. Avoine, 50 s. Bon suif, 7 s. Chandelle, 10 sols la livre.

1725.

Le raisin n'est point venu en maturité

en Normandie à cause de l'eau qui a
commencé à Pasques et finit à peu près
dans le même temps de l'année suivante
1726.

Le 2 de juillet est arrivé une sédition à
Caën à cause du blé, l'intendant a eu peine de se sauver, le lieutenant de police
tout fut jetté de chez lui à la rivière & à
plusieurs autres. — Le 4 du même mois
a été levée la châsse de S¹ᵉ Geneviève à
Paris pour avoir du beau temps. — Le 5
le bled a valu à Bernay 16 livres, deffen-
ces aux boullengers de cuire du pain
blanc, permis à toute personne de cuire
et vendre du pain bis. (1)

Une délibération des paroissiens de la Couture, du 23 décembre, constate des dégâts causés à la grande fenêtre de l'orgue et aux mar-
ches de leur église par les derniers vents.

Bon bled, 7 l, 4 s, Orge. 4 l, 16 s. Pois, 4 liv.
15 s. Vesce, 3 l. Avoine, 54 s. Chandelle, 10 s.

----

(1) Cette permission avait été donnée, le 5 de
juillet, par le lieutenant de police de Bernay,
lequel, en même temps, taxa le pain bis à 42 s.
la tourte de 12 livres, et le pain blanc à 4 s. 6
deniers la livre. - Le 7 juillet, le bon blé vallut
13 l. le boisseau ; l'orge, 9 l. ; les pois, 8 l. Ces
prix baissèrent chaque semaine à partir du 14.

Le 16 novembre, sur la supplique des gar-
des-jurés du métier de boulanger, remontrant
que le blé est revenu à un prix beaucoup plus
modéré, le lieutenant de police, rapportant sa
susdite ordonnance, fait défenses à toutes personnes, autres qu'aux boulangers, de cuire,
vendre et distribuer du pain.

1726.

Le 25 may 1726 toutes les boutiques de Bernay ont été fermées de peur d'être saisis pour une taxe de seize mille livres, cela est arrivé un samedy, tout le monde étoit sur ses portes qui etoient fermées, tout Bernay étoit dans la dernière consternation. Le mercredy avant la même chose avoit été à Orbec.

En may 1726, plusieurs personnes en Engleterre ont été tuéz par la gresle qui étoit grosse comme le poing.

Le 18 de juin, M^r le Duc oncle de Louis 15 avec plusieurs autres, M^rs et Mme de Prie, Mr de Clermont et autres ont été priez de la part du Roy de se retirer, M^r le Duc à Chantilly & Me de Prie à Courbépine. — Le 18 juin, Mr Leblanc ministre des guerres, qui étoit exilé à Lisieux, est rétabli en sa charge avec cent mille livres que le Roy luy a donnez pour les dépenses qu'il a faittes dans son exil, il est rétabli dans sa charge le jour même que M^r le Duc a été rélégué en sa terre.

Le 4 juillet a été fait des prières publiques pour donner au Roy des lumières nécessaires pour gouverner son royaume par luy même.

Le 18 aoust a été chanté dans l'église principale un Te Deum pour la convalescence du roy Louis 15.

Le 19 octobre a paru un phénoméne en

lair qui a duré depuis 8 heures du soir jusqu'après minuit, les peuples sortoient de leurs maisons et se mettoient en prières dans les ruës croyant que setoit la fin du monde, ou y voyoit aussi clair qu'en pleine lune quoy qu'elle fust au déclin de son dernier cartier.

Bon bled, 4 l. Orge, 50 s. Pois, 3 l, 5 s. Vesce, 3 l. Avoine, 32 s. Bon suif, 5 s. 9 d.

1727.

Le 14e jour de septembre, jour et fête de l'Exaltation de Ste Croix et de la susception de la Relique de la vraye Croix, fut chanté en ladite église un Te Deum en actions de grâces de l'heureux accouchement de la Reine et pour demander à Dieu de nouveaux témoignages et sa bénédiction sur la famille royale pour la naissance d'un Dauphin...

Le dit jour et pour la même circonstance, un feu de joie est fait devant l'église Ste-Croix. Le trésorier paie 3 livres pour le bois.

Ce qui empêche le débit et le commerce des manufactures de toiles et de frocs de Bernay est le peu de confiance qu'il y a entre les marchands et le peu d'argent qui se trouve dans le commerce. (*Assemblée de commerce, 23 janvr 1728*).

Bon bled, 44 sols. Orge, 26 s. Pois, 36 sols. Vesce, 32 s. Avoine, 24 s.

1728.

Bon bled. 48 sols. Orge, 40 s. Pois, 50 s. Vesce, 38 s. Avoine, 36 s.

1729.

Le 21 juin le tonnerre est tombé sur

une maison sans beaucoup de dommage
située près la fontaine de la Roussière. —
Le 29 juin le tonnerre est tombé en différents endroits, 1° chez Mr de Bernière
à Capelle, sur une granche à Bazoques,
sur le prebitaire où il a fait beaucoüp de
domage. Le même jour a tombé à S^t Au-
bin le Guichard de la gresle qui a pezé
jusquà cinq quarterons, elle a entré jusque dans les mellons du s^r curé & en autres lieux circonvoisins.

Le cinq de septembre est né à quatre
heures du matin le premier Dauphin de
France, on a fait des réjouissances extra-
ordinaires, le Roy a voulu assister au Te
Deum chanté dans nôtre Dame de Paris.

Suit la relation des réjouissances publiques
faites, à Bernay, les 24, 25 septembre et 2 octobre.

Le 14 novembre a paru un feu extraor-
dinaire qui a commencé vers les neuf heu-
du soir qui a duré jusquà trois heures du
matin à Caën et en bien des endroits pareil à celuy du 19 octobre 1726.

Bon bled, 3 l. 18 s. Orge, 55 s. Pois, 35 s.
Vesce, 42 s. 6 d. Avoine, 45 s. Bon suif, 8 s.
chandelle, 11 s.

1730.

Le 26 juillet au soir est arrivé chez M^r
de Lamberville de Boissy, M^r le duc de
Bourbon avec madame sa mère accompa-
gnés de plusieurs M^rs et demoiselles. On
a coupé plusieurs arbres de sur les che-

mins pour leur passage & plu~ieurs pièces de blé qui ont été perdus pour carter les chemins qui ne leur paroissoient pas assez propices pour leur passage, ils venoient les Roche de Honfleur chez M^r le comte de Nossé.

Bon blé. *3* l. *18* sols. Orge, 45 s. Pois, 50 s. Vesce et Avoine. *32* s. Chandelle. 10 s.

1731.

Dans le mois de février a été donné un arest au Conseil par lequel il a été enjoint à chaque particulier dôter où de faire ôter les charpleuses qui se sont trouvée aux arbres après un rude hyver, sous peine de 25 livres damendes dont 10 seront au profit du dénonciateur qui les aura fait oster.

L'année 1731 a commencé par un peu de pluies suivies de gelée forte et peu de neige qui a été consumée seulement par les grands froids sans aucun dégel qui a été suivie toujours de gelée sans aucune eau, de sorte que les chenilles ont fait un tort considérable aux arbres avec la sécheresse qui a duré jusqu'au 26 juin. On a ordonné des prières publiques dans ce diocèze (1) longtemps après qu'elles ont été finies dans le dioeèze d'Evreux. Enfin on a eu recours aux processions publi-

---

[1] La ville de Bernay appartenait alors au diocèse de Lisieux, de même que toute la rive gauche de la Charentonne.

ques, la paroisse seulle dé Ste Croix elle a été à Brezey & le tout sans eau, on se détermina enfin le 28 juin de porter la précieuse relique de la vraye Croix au Calvaire & autour de la ferme du Mont Milon pendant neuf jours, dès le lendemain Dieu donna de leau en abondaane et on a fait un remarque que leau tomboit en abondance le matin et le soir jusquau temps presque de la procession qui se faisoit à 8 heures du soir avec une multitude de monde innombrables. Les tonnerres ont fait de furieux ravages cette année là, il a tombé sur l'Eglise de Goupillière et autres endroits mais nullement dans cet endroit.

En lannée 1731 deffence fut faitte de faire paître les regains à peine de 500 livres damende, sur les remontrances faittes au roy quil ny auroit point de mars cette année assez pour nourrir le bétail.

28 juin. — Plusieurs personnes de Bernay se plaignent que la plupart des boulangers manquent de pain. Pour ce fait, un boulanger est condamné en trois livres d'amende et aux dépens. Le lieutenant de police ordonne à tous autres boulangers de tenir leur boutique suffisamment garnie de pain, à peine le 100 livres d'amende et d'interdiction de leur maîtrise.

30 juin. — Plainte est portée contre un meunier pour avoir arrêté la mouture d'un boulanger et exigé 1 seizin de son par boisseau.

Bon blé, *3* l. *7* s. Orge, 55 s. Pois. 5 l. Vesce, 4 l. Avoine, 55 s.

Si le débit et commerce des toiles sont tombés très considérablement. c'est par la grande misère qui est parmi les fabriquants et la plupart des marchands, causée par le peu de consommation qui se fait. (*Ass. de commerce, 1732*)

1732.

Bon blé, **46** s. Orge, **28** s. Pois. 40 s. Vesce 25 s. Avoine, 24 s. Chandelle, 8 s. 6 d.

Il est peu de débit et de consommation (toiles); presque tous les maîtres abandonnent ledit métier, n'y trouvant pas de quoi subsister. Cette misère est commune à toutes sortes de professions. (*Ass. de comm. 27 janvier 1733*).

1733.

Le 12 février la Gazette marquoit en l'article de Londres qu'il mouroit beaucoup de monde des rumes et fluxions de poitrine. La France entière en a été attaquée mais peu de jeunes gens sont morts. La ville de Bernay en a souffert considérablement et jay entendu dire que les mémoires de Mr Marescal chirurgien de lad/ ville marquoient qu'en l'an 1659 pareille maladie étoit arrivée et que la ville en souffrit beaucoup. On a donné plusieurs noms à cette maladie, on l'appeloit la Coclucheé ou la Lure parceque alors il y avoit une chanson où le refrein étoit à la lure mon Cousin à la lure, d'autres la mignonette.

Le vendredi quatorze aoust mil sept cent trente trois veille de l'Assomption, après les vêpres sur les quatre heures trois carts, le tonnerre tomba malheureusement sur la piramide de cette Eglise, aïant laissé sa marque à l'eguille la hauteur d'un homme au dessous du plomb a découvert ladite piramide à plusieurs endroits et soufflé presque tout ce qui restoit dardoise et cassé beaucoup de tuilles entre la gouttière et le clocher et fait un trou sur la nef, Entra dans l'orgue où il derengea entièrement un des sommiers, fondit à gouttes vingt cinq a trente tuyaux, brisa une membrûre des portes du tambour, en arracha la serrûre que sa violence transporta au milieu de la nef, fendit un des dégrez de pierre en écorna d'autres proche la petite porte dudit tambour, fit un trou à travers la muraille au dessus de la vitre sur la grande porte ; de sorte quil a fallu ajoûter à la reparat^on du clocher huit cent dardoise et a coûté six cent cinquante livres pour celle de l'orgue (1), on vit longt temps de la fumée sur l'orgue et la nef n'etait qu'une mer de feu. Ce que je puis attester etant alors au confessionnal et on doit croire que les mérites de la Ste Vierge ont preservé ce temple d'embràsement.

Bosquet, vicaire de la Couture.

Bon bled, 46 s. Orge, 30 s. Pois 40. Vesce, 30 s. Avoine. 30 s.

1734.

Le 1er avril, le dix^e denier etably à cause de la guerre.

Bon bled, 46 sols. Orge, 36 s. Pois, 26 s. Vesce, 40 s. Avoine, 30. s. Bon suif, 5 s. 6 d.

1735.

Deffence faite dans le mois de juillet à

---

(1) Payé 6 l. à l'architecte des Bénédictins pour avoir visité et dressé procès-verbal de ce qu'il manque de plomb au clocher. Payé... pour 201 livres de plomb. Payé 5 l. pour avoir doré le coq. (*Comptes de la Couture*).

Paris de manger de la salade à cause de la quantité de charpleuses que l'on trouve dedans causés par les pluies fréquentes, point de melons en aoust de mûrs, point de blé coupé qu'à la mi-aoust, temps froid.

Bon bled, 3 l. 2 sols. Orge, 30 s. Pois, 40 s. Vesce, 26 s. Avoine, 30 s.

1736.

Le lundi 18 juin, les paroissiens de Saint-Aubin-le-Vertueux ont été conduits en procession solennelle à N.-D. de la Couture, par nous prêtre desservant soussigné, après en avoir préalablement obtenu la permission de Mgr l'évéd'Evreux..., pour raison de maladie contagieuse qui régnoit dans la paroisse...

Delacour.

En novembre 1736, l'on a fait un chemin neuf aligné depuis Lysieux jusqu'à la Rivière Thibouville de largeur de 72 pieds à l'imitation de celui de Caën à Lysieux qui a commencé 2 à 3 aus avant, lequel chemin a été fait par Bayeux ingénieur de Caën et aux frais des riverains, l'on obligeoit sous peine de prison d'abatre les maisons hayes arbres qui se trouvoient à leur rencontre, de tirer des pierres dans les endroits où l'on en trouvoit sans permission de celuy à qui appartenoit le fond, et de quatre lieux à la ronde les riverains étoient obligés de tirer les pierres les harnois et porter jusqu'à la fin de l'ouvrage, on envoyoit des billets par les paroisses pour fournir un hombre d'hommes qui travailloient trois jours consécutifs et ceux qui étoient éloignés les plus proches étoient obligée de les loger et leur fournir de la paille pour les coucher, il en falloit à Bernay par chaque semaine 80, ainsi à proportion les paroisses, on vendoit à boire et de l'eau de vie sur le Chemin sans droits, s'étoit une grande misère, un journalier étoit obligé de travailler trois jours qui avoit peut être 3 et 4 enfants et le tout sous peine de prison. La maréchaussée étoit obligée d'y être présente, lequel travail a duré jusqu'au

Il a commencé à pleuvoir le jour Ste Anne 1737 et a fini à pareil jour ou environs 1738, il ne paroissoit en may aucun blé sur la terre et jamais on a veû une si belle récolte. On a fait des prières publiques pour la pluie, le temps à changé pendant trois semaines ou un mois après quoy la pluie a recommencé plus que jamais.

Bon bled, 3 l. 2 s. Orge et Pois, 40 s. Vesce, 28 s. Avoine, 23 s.

1738.

Grande sécheresse.

Bon bled, le boisseau, 5 livres 16 sols. Orge. 3 l, 5 s. Pois, 3 l. Vesce, 44 s. Avoine, 58 sols.

Le commerce, à Bernay, est tombé par rapport à la cherté des vivres, blés et autres grains.

Le sac de blé de Caen fait 282 livres de pain bis et la somme de Bernay en fait 305 livres.

1739.

En may 1739 neige si abondante que si le soleil n'avoit pas été si haud quelle auroit été hauté de plus de trois piez ce qui a Causé une disette Considérable. Le blé a valu jusqu'à douze livres le boisseau. Le Roy a fait distribuer par tout son royaume du Ris pour les pauvres qui étoient prets de mourir de fain, il est venu du Nord quantité de blé magnifique qui n'a pû être assez tot venû a Cause des vents Contraires il a été enjoint à Mr Fouques subdelegué de l'intendant d'en faire voiturer de honfleur pour la seule ville de Bernay huit cents sacs qui ont été mis dans l'abbaye des bénédictins qu'on distribuoit aux pauvres à un prix modique de plus il est venu d'Angleterre des farines les plus belles du monde dont le pain étoit charmant on a fait des prières publiques pour le beau temps.

Le 17 Juin est arrivé à Bernay sept milliers de ris pour distribuer par toute l'Election les voituriers avoient pour le porter d'honfleur à Bernay Vingt sols par cent, le Roy faisoit ce présent aux pauvres de cette élection. Les s^{rs} Curez étoient obligée de venir chercher chez M^r le subdelegué et le distribuoient à leurs pauvres dans leurs paroisses.

On n'a point festé les festes des SS Jean et Pierre cette année dans le dioceze de Chartres à cause de la misère les curez

sont obligée chacun de faire faire cent
portions de soupe par semaine & Mr l'Eves-
que de chartres donne à chacun Cents
Sols par Semaine la misère à la vérité est
grande mais l'on a Jamais veû dans l'his-
toire les charitez que l'on fait.

Le samedi 15 août 1739, en la chambre de
ville de Bernay, devant les maire, échevin et
procureur d'icelle, se sont assemblés les habitants en général de ladite ville, lesquels ayant
considéré et examiné la misère extrême à la-
quelle les habitants de ladite ville et Election
de Bernay ont été réduits par la cherté et disette des grains, l'attention de la bonté pater-
nelle qu'a eue le Roi et ses premiers ministres
de compatir à leurs extrêmes besoins par les
secours considérables qui leur ont été accordés par les aumônes en argent qui ont eté don-
nées pour les pauvres, en particulier de ladite
ville, la distribution qui a été faite de près de
vingt milliers de riz aux pauvres de l'élection,
le *magasin de blé* qui a été entretenu dans ladite ville de Bernay depuis près de deux mois,
où il a été vendu et livré *cinq mille cinq cents
boisseaux* de blé qui ont subvenu à la nourritu-
re de tous les habitants de ladite élection (1) à
un prix raisonnable en égard à la cherté et à la
disette des grains qui manquaient dans tout le
pays ; considérant enfin que le Roi a bien voulu accorder *trois mille livres* pour employer à
faire travailler de pauvres journaliers qui manquaient de travail... ; lesdits habitants, ne pou-
vant reconnaître de si grands bienfaits envers
Sa Majesté, son Eminence Monseigneur le cardinal de Fleury et Monseigneur le Contrôleur
général des Finances, et ne sachant par quelles
voie donner des témoignages authentiques de
leur très humble et très respectueuse recon-
naissance, prennent le parti de s'adresser à
Monseigneur le comte de Levignen, Intendant
de la Généralité d'Alençon, sur les remontran-

ces duquel ils sont persuadés que tous les bienfaits leur ont été accordés, pour le supplier
instamment, tant au nom desdits habitants de
ladite ville que ceux de toute l'Election, de faire agréer à Son Eminence Monseigneur le cardinal de Fleury et à Monseigneur le Contrôleur
général des finances, les marques de leurs très
humbles actions de grâces..... (46 signatures et
une marque.)

Bon bled, 4 l. 12 s. Orge, 52 s. Pois, 3 l. Vesce, 45 s. Pois, 35 sols le boisseau.

1740.

Le 6 janvier a commencé l'hyver, il a
continué toujours dans la même force jusqu'au 1er mars environ, 2 jours après son
commencement la Seine a été prise entièrement et il a été semblable au grand
hyver de 1709 à 2 dégrés près. On a vu
à Caën de toutes sortes de gibier jusqua-
lors inconnus, on a tué entre autres un
aigle très beau. L'hyver a fini vers la
St Jean.

(B) En 1740 la terre étoit gelée de 15
à 18 pouces davant. — En 1740 l'yver fut
rude commencé le 7 janvier et continua
à geler jusqu'au 8 mars. Cette gelée fut
suivie de quelques jours de beau temps
mais après il vint une continuation d'eau.
Le temps fut froid jusqu'au mois de mai
1740. — La récolte du blé ne fut faite que
dans le mois de septembre ; elle étoit à
moitié verte.

------

(1) L'Election de Bernay comprenait 130 paroisses.

Le 15 décembre, les paroissiens de Ste-Croix assemblés en état de commun pour délibérer... sur l'interruption du pain béni, décident qu'on interrompera, pendant la cherté du blé, l'offrande du pain béni.

Bon bled, 8 l. le boisseau. Orge et Pois, 4 l. Vesce, 46 s. Avoine, 50 s.

1741.

En la même année la Seine a été si dégorgée qu'elle a passé sur le pont de Mantes et renversé plusieurs maisons dans Limé. Elle a causé de grandes pertes à Rouën et a rompu le pont et les vaisseaux dudit pont sont allés au courant de l'eau, elle a été presque dans l'église des pères Cordeliers.

(B) L'année depuis avril a été presque sans eau, toujours beau temps, quelques ..., les bleds prêts à monter au mois de janvier.

Cette année l'hyver a été long et froid, la gelée violente et suivie de 3 semaines d'eau, après une grande sécheresse. Les misères très grandes non à cause de la charté du bled qui vaux 40 l la somme, mais par le commerce qui est bas depuis quelques années.

Le bled a valu à la St Michel 34 livres la somme, 26 l à Noël. On dit qu'il y a du beau seigle près à épier.

Ce 1er janvier 1742.

Bon bled, 5 l, 8 s, Orge, 3 l. 10 s. Pois, 4 liv· 15 s. Vesce, 40 s. Avoine, 4 l. 10 s.

1742.

L'année a été commencée par un mauvais temps, pendant tout janvier le bled vaut 21 ¹ 22 ¹ et 23 ¹ la somme le plus beau, l'orge 55 ¹ le bosseau. la vesce 20 ¹ la somme, le tonneau de cidre de 500 pots vaut 60 ¹. Les milices qui tirent en ce mois sont très fortes, 2 miliciens en cette paroisse (1) la moins foulée. — Le mois de février a été très beau. — Le mois de mars a été très rude pendant les premiers quinze jours et les autres quoiques assés passable. — Le fil est très bon marché. (B)

Bon blé, 56 s. Orge, 40 s. Pois, *3* l. Vesce, 30 s. Avoine, 40 s. Bon suif, 8 s. 9 d.

1743.

Bon blé, 56 s. Orge et Pois, 40 s. Vesce, 28 Avoine, 25 s.

1744.

(B) La guerre, commencée en 1739 entre la France et la Hongrie pour l'élection de l'Empereur, soutenuë par Louis quinze existe encore. On a perdu plus de 400,000 hommes pr cette guerre du costé des françois parce que les généraux dit-on n'ont pas bien gouverné et commandé. Les Anglois soutiennent toujours la Hongrie. Les

(1) La paroisse de St-Victor-d'Epine renfermait environ 910 habitants.

Hollandois sont neutres. Il y a aussi guerre entre l'Espagne soutenue par nous et les Piémontois ; nous y avons bien perdu du monde. On fait toujours beaucoup d'hommes tant de ceux qui s'engagent volontairement que de miliciens dont le nombre aujourd'huy est de plus de 200000 (I) Le Roy a pur pied plus de 700,000 hommes sur pied. Le commerce ne va plus. Le règne est dur. Les tailles fort hautes. Cette paroisse (Carsix) est à 1600 livres et le dixième denier. — Le blé vaut 9 ¹ le sac de 300 ᵗ pesant, le cidre 40 ¹ le tonneau de 800 pots, le fil à vil prix, le lin cher 12 ˢ 13 ˢ la livre de 16 onces, le fil commun 30 ˢ, les grosses toilles chères et les fines à vil [prix].

Ce 20 février 1745.

Le receveur de l'octroi de Bernay paie 32 s., pour le bois du feu de joie de la prise de Fribourg.

Bon blé, 46 s. Orge, 40 s. Pois, 45 s. Vesce, 30 s. Avoine, 28 s.

1745.

(B) Le mois de janvier a été beau et doux, le commencement de février passable, Mars rude, de fortes gelées. Le bled vaut 14 ¹ la somme composée de 4 bos-

----

(1) La ville de Bernay fournit 29 miliciens à chacun desquels il est remis une cocarde. Le prix de ces 29 cocardes (10 l. 17 s. 6 d.) est payé par le receveur de l'octroi communal.

seaux le bosseau pesant 80 ¹, le cidre 30
¹, le lin 3 ¹ le paquet pesant 6 livres.

Le 17 avril le beau bled vaut 24 ¹ la
somme, la vesse 10 ¹. Belle apparence de
fruits. Le mois s'est passé de même.

May a été très beau, le bled à 16 ¹ 17 ¹.

Juin très pluvieux. Beaucoup d'orages
jusqu'à ce jour 21 il y a eu de la gresle
qui a perdu un tiers des lins et il y a bien
des fruits, les bleds fort bons à 13 ¹ le
nouveau et 16 et 17 et 18 le beau vieux.
Cette année les greniers sont pleins partout de bon et bon vieux bled. Le cidre
renchérit actuellement et vaut 40 l. le tonneau. Les menus grains sont mauvais. Il
y a beaucoup de foin qui vaut actuellement 8 l. 10 s. le cent la botte pesant 7
à 8 l. La récolte a été bonne et la semai-
son des blés qui vient en 8bre 15 l. 6 s.
le plus beau.

La guerre continue toujours et nous
avons l'avantage en Flandre, nous y
avons pris beaucoup de ville cette année.
On lève beaucoup de milices.

Les toiles sont chéres, le cidre à présent à 30 l. le tonneau. — Il y a une maladie qui reigne à présent sur les bestes
à cornes dont elles meurent aussitost
qu'elles sont prises. Cette maladie est presque universelle en France sans pouvoir
l'arrester (1). Toutes les étoffes sont chè-

---

(1) 17 mars 1745, le lieutenant de police de
Bernay signale la maladie contagieuse des animaux et prescrit des mesures en conséquence.

res. Le bois est très cher 30 l. le 100 de fagot, 7 à 8 l. la corde de gros bois de 4 pieds de long et le bûché de 3 pieds et 3 pieds et demy de long.

Nous avons eu la dernière bataille donnée à Rocoux avantageuse pour nous quoy que nous ayons forcé l'ennemi dans ses retranchements.

Bon blé, 3 l. Orge et Pois, 40 s. Vesce, *23* s. Avoine, 30 s. Bon suif, 7 s. 9 d.

1746-1847.

(B) La guerre continue toujours entre nous la reine de Hongrie et les Anglois, elle est indirectement déclarée aux Hollandois, car sous pretexte de suivre nos ennemis auxquels il donnent retraite, nous prenons leurs villes et forts.

Le bled et le cidre continuent leur prix. Le commerce va mal, les impôts sont hauts, le dixiéme denier et un supplément en sus de deux sol pour livre. La maladie est toujours sur les bestes à cornes dont nous avons été préservez jusqu'à ce jour. La maladie qui a commencé par un mal de costé de la teste, d'une fiévre suivie d'un pourpre en enléve beaucoup à Plasne, le sʳ curé n'y va point il n'y a que le vicaire. Le bled vaut 20 l. la somme, le cidre 30 l., le lin 10 s. la livre. L'année est bonne en bled grains et lins, peu de fruits. Le 1ᵉʳ octobre le bled vaut 24 l. la somme, le cidre 40 l.

Nous faisons des prises considérables

en la Flandre Hollandoise, nous avons pris Anvers et Bergeopzom (1) qui n'avoit point encore été prise. Nous y avons bien perdu 20000 hommes. Le pillage et le viol ont été permis pendant deux heures qui ont duré près de 24. Nos affaires en Italie ne vont pas de mesme. Nous avons eû une bataille à Heufelt village près d'Anvers où nos soldats ont donné des preuves de leur valeur, ayant forcé l'ennemy dans leurs retranchements avantageux. Les Genois se deffendent avec une force sans pareille. 600 écclésiastiques séculiers et 200 réguliers ont pris les armes et ont donné des preuves des plus fortes de leur zèle pour la deffense de leur patrie.

28 août. – La maladie des bestiaux se répandant dans différents endroits de la province, le lieutenant de police de Bernay prescrit la visite rigoureuse des viandes de boucherie.

Bon blé, 4 l 12 s. Orge et Pois, 50 s. Vesce et Avoine, 30 s.

La manufacture des Toiles de Bernay tombe visiblement tous les jonrs, parce que la plupart des maîtres quittent le commerce et la ville pour aller demeurer à leur campagne, par rapport

---

(1) Sur un registre de l'hôpital de Bernay, écrit en 1747, on lit cette mention se rapportant pensons-nous, à un dessin satirique du jour ;

Quand cet âne aura mangé la quarte de son,
  Les François prendront Bergop-zoon.

Au-dessous :

  Les François ont pris Bergop-zoon,
Et l'âne n'a point mangé la quarte de son.

aux tailles, capitation, dixiéme denier et taxes dont la ville esé accablée, ce qui pourra occasionner la ruine en entier de leur manufacture. (*Ass. de commerce, janvier 1748*)

1748.

Bott bled, 4 l. 6 sols. Orge et Pois, 50 sols. Vesce, 40 s. Avoine, 36 s.

1749.

(B) Il n'y a point eû d'hyver cette année, il n'y eû que 6 jours de gelée en différens endroits.

Bon blé, 4 l. 12 s. Orge, 55 s. Pois, 3 l. Vesce, 32 s. Avoine, 35 s.

1750.

(B) Le commencement de cette année a été beau et doux jusqu'à la fin de mars, il n'y eut que deux gelées qui ne durèrent que chaqu'un trois jours.

Avril fut froid et pluvieux, jusqu'à ce temps les eaux étoient rares dans les villages.

May et juin en partie passable en partie mauvais, jusqu'à ce temps le bled à 26 l. 27 l. le sac de 4 boisseaux et les autres grains à proportion, le cidre 50 l. et 60 l. le tonneau de 600 pots, le lin et le fil commerce du pays chers ainsi que les toilles. — L'Europe est en paix. — Les lins promettent beaucoup, il y a demye année de fruits en cette paroisse. Les seigles sont tous renversez et meslée on est obligé de les coupper en verd. Les blés sont beaux en apparence mais crêux et beaucoup versée, les menus grains sont bons. Les herbes quoyque moindres qu'à l'ordinaire plus chères. (1)

Bon bled, 4 l. 8 s. Orge, 50 s. Pois, 32 sols. Vesce, 3 l. Avoine, 40 s. Suif, 6 s.

Le commerce des frocs de Bernay tombe visiblement par le peu de débit, la cherté des laines et les corvées qu'on fait gratuitement au chemin neuf du Roi (*route de Paris*), le public y étant occupé deux jours par semaine régulièrement. (*Ass. de comm., 4 janvier 1751*).

---

(1) Ces notes s'appliquent peut-être à 1751, car elles sont écrites sur le dernier feuillet du registre paroissial de Carsix pour ladite année.